РИСК, ВОССТАНОВЛЕНИЕ И УКРЕПЛЕНИЕ

ТЕМАТИЧЕСКОЕ ИССЛЕДОВАНИЕ О РЕСТРУКТУРИЗАЦИИ КАЗАХСТАНСКИХ БАНКОВ

МАРСИЯ-ЭЛИЗАБЕТ К.ФАВАЛЕ

УДК 336.71
ББК 65.262.10
Ф13

Марсия-Элизабет К. Фавале, Риск, восстановление и укрепление. Тематическое исследование о реструктуризации казахстанских банков / под общ. ред. Масанова Ю.А., Астана, 2024, полиграфия ИП «Койшебаева Б.Ж.» — 52 с.

«Риск, восстановление и укрепление» — это качественный исследовательский анализ, рассказанный практикующим финансистом Марсией Фавале, которая разработала и руководила реализацией стратегии по реструктуризации, получившей название «Распределение бремени» и охватившей активы на более чем 30 миллиардов долларов. Это стало международным эталоном и изменило само определение торгового финансирования, введя новый термин «истинного торгового финансирования».

ISBN 978-601-06-9380-7

УДК 336.71
ББК 65.262.10
Ф13

ISBN 978-601-06-9380-7

РИСК, ВОССТАНОВЛЕНИЕ И УКРЕПЛЕНИЕ

ТЕМАТИЧЕСКОЕ ИССЛЕДОВАНИЕ О РЕСТРУКТУРИЗАЦИИ КАЗАХСТАНСКИХ БАНКОВ

МАРСИЯ-ЭЛИЗАБЕТ К.ФАВАЛЕ

Отзыв

«Ходатайство о банкротстве, поданное в Суд по делам о банкротстве США в южном округе Нью-Йорка компанией Lemon Brothers 15 сентября 2008 года, стало началом мирового экономического кошмара. Это грозило глобальной депрессией. Книга Марсии Элизабет К. Фавале, «Риск, восстановление и укрепление» знакомит читателя с тем, как она разработала стратегию реструктуризации «Распределение финансового бремени» для трех крупнейших банков Казахстана, которые балансировали на грани банкротства после банкротства Lehman. Ее стратегия объединила конфликтующие интересы главных стейкхолдеров (руководителей банков, банковских вкладчиков, акционеров, кредиторов и государственных структур), что привело к огромному успеху для них и народа Казахстана. Мы все должны извлечь уроки из стратегии госпожи Фавале».

- Пол Риган

CPA, автор книги «Судебно-медицинская экспертиза:
как ЦРУ, блестящий адвокат
и молодой CPA свергли Говарда Хьюза»

«Когда вы объединяете эмоциональный интеллект великого лидера с методологиями и системами контроля управления проектами, вы получаете тот положительный результат, которого добился народ Казахстана. Это не ежедневный практический пример. Усилия Марсии Фавале увенчались шедевром, свидетелями которого теперь, благодаря этой книге, мы все можем стать».

- Морин Липпе, Липпе Тейлор,

специалист по связям
с общественностью и цифровому маркетингу,
автор книги «Радикальное переосмысление»

«Провокационное чтиво, конечно. Марсия Фавале делится практичной, но убедительной картой экономической истории в уникальной трансконтинентальной стране и, демонстрирует силу инноваций, знаний, целесообразной стратегии и смелости личности идти — в прямом и переносном смысле — туда, куда не идут массы. Это пример, содержащий важные уроки для всех правительств. Когда Марсия говорит, слушайте».

– Пит Биолси,
*старший вице-президент по ценообразованию
и рентабельности Банка Америки*

«Эффективные стратеги всегда обладают способностью определять видение, решать проблемы и подниматься над прозаическими вопросами, особенно когда на карту поставлены реальные люди и реальная экономика. То, чего достигла Фавале, просто блестяще».

- Дэвид Карлуччи,
бывший сенатор штата Нью-Йорк (2011—2020 гг.)

«Расставить деловые и культурные приоритеты на расстоянии 5000 миль от «дома»? Есть. Продемонстрировать гибкость, чуткое лидерство, понимание сложных факторов и того, как результат повлияет на миллионы людей? Есть. Любитель риска и сторонник нового решения, а не безопасного пути? Это тоже она. И Марсия Фавале одержала победу. Я бы порекомендовал эту книгу как студентам, изучающим управление проектами, так и гуру за ее редкие и захватывающие идеи».

- Лоретта Кейт,
доктор философии, CPCC

«Марсии Фавале удалось избежать ловушек и статуса-кво экономического коллапса, который потряс мир, когда царили программы финансовой помощи. Ее интеллектуальная широта проявляется в книге «Риск, восстановление и укрепление», но меня больше всего впечатляет ее лидерство, которое установило международный бенчмарк. Распространение этого тематического исследования в 2022 году не случайно — это крайне необходимо!»

- Скотт Н. Замбелли,
управляющий партнер Heritage Harbour Financial Associates

«С точки зрения принципов управления крупными программами, казахстанская программа реструктуризации «Распределение финансового бремени» была исполнена великолепно. При исходных внешних и внутренних факторах, дизайн программы, ее дальнейшая имплементация и управление системными рисками исполнены безукоризненно. Управление заинтересованными сторонами с культурными, политическими, законодательными различиями и противоборствующими интересами впечатляюще!

С позиции системного мышления, масштабы, глубина и сложность системы зависят от масштаба личности мыслителя и его ценностей. Вопрос, который должен задать себе каждый читатель после прочтения книги: а каковы масштабы моей системы?»

— Кенжебаева Сандугаш,
магистр социальных наук «Управление крупными программами»
(Said Business School, Оксфорд), заместитель Председателя Правления
по управлению рисками и цифровому развитию
АО «Банк Развития Казахстана» (2019-2023)

«Марсия Фавале выступила одним из ключевых специалистов в программе по реабилитации крупных казахстанских банков во время мирового финансового кризиса конца 2000-х годов, а потому ее исследование и объяснения всех происходивших в тот период процессов очень важны для широкой аудитории. Данное исследование хорошо раскрывает ситуацию со всех сторон: начиная с того, как были выявлены проблемы, как принимались решения по выбору модели поддержки банков и заканчивая переговорами с кредиторами и анализом результатов программы в целях извлечения уроков для регуляторов.

Такой анализ точно войдет в список важных источников для всех, кто занимается или интересуется сферой финансов, прежде всего по причине применения инновационных подходов при решении проблем такого масштаба».

- Оразгалиев Серик,
Ассоциированный профессор Высшей Школы
Государственной Политики Назарбаев Университета
Координатор казахстанского филиала академической сети ООН
по Устойчивому Развитию (UN Sustainable Development Solutions Network).

«Эта книга детально раскрывает сложный процесс реструктуризации трех крупных казахстанских банков в конце 2000-х годов, который происходил в период мирового финансового кризиса. Она ценна тем, что приоткрывает для нас занавес сложных решений, которые принимались для сохранения финансовой устойчивости страны в то время и детали которых для многих могли быть ранее неизвестны».

- Юрий Масанов,
экономический обозреватель

Заголовки новостей

«Казахстанские банки взяли крупные займы для финансирования внутреннего потребительского бума, вызванного нефтью, но оказались в затруднительном положении из-за внешнего долга в размере 45 миллиардов долларов, когда разразился ипотечный кризис в США».

— Financial Times

«Международные банки предоставят свой опыт в таких областях, как оценка, комплексная проверка и обеспечение передовой международной практики».

— Euromoney

«Казахстанский БТА Банк достиг соглашения по своему долгу по торговому финансированию».

— Обзор глобальной торговли

«С 2000 по 2011 годы экономика Казахстана выросла в среднем на 8,4%. Внешняя политика страны доказала свою эффективность в балансировании международных интересов, поскольку Казахстан продолжает прокладывать свой путь в международные и региональные организации».

— Economist Impact

«Казахское шоу ужасов близится к финалу».

— Евразия

«Проблемы, возникшие в результате реструктуризации несуверенных организаций, были решены очень конкретным образом, в частности, благодаря участию г-жи Марсии Фавале-Тартер».

- Конференция Института международных финансов по устойчивому финансированию развивающихся стран.

«Компания «М.Фавале-Тартер» уникальна, поскольку г-жа Фавале разрабатывает всю стратегию и реализацию, используя инвестиционные банки и юридические фирмы в качестве партнеров. Следовательно, ее клиенты сохраняют полный контроль над цепочкой создания стоимости. Реструктуризация казахстанских банков является таким примером. Во время финансового кризиса 2009 года Казахстан попросил ее разработать общую стратегию реструктуризации банков и обеспечить ее реализацию, которая стала известна как стратегия «Распределение финансового бремени». Она тесно сотрудничала с «Самрук-Казына» и правительством. Такое сотрудничество делает международно-признанную реструктуризацию казахстанских банков действительно собственной стратегией, разработанной без вмешательства рынка. Хотя подход к СТРУКТУРЕ распределения бремени изначально был противоречивым, реструктуризация БТА Банка, завершенная в 2010 году, является первым в мире примером успешной, крупномасштабной помощи системообразующему банку. Та же схема была успешно использована при реструктуризации Альянс Банка и Темирбанка в 2010 году, а также при второй реструктуризации БТА Банка».

- Corporate Live Wire

«Идея национального брендинга или брендинга страны, как до, так и после COVID, одна и та же. Иностранцы, как и сами граждане, должны иметь позитивное видение страны. Важны несколько компонентов: прозрачность, инвестиции, развитие человеческого капитала и технологическое развитие с целью повышения производительности».

- Марсия-Элизабет К. Фавале для Sputnik International

*Я посвящаю эту книгу своей
дочери Александре Элизабет*

Оглавление

Благодарность

Никакое путешествие не совершается в одиночку. Я благодарю правительство, коллег-консультантов, членов руководящих комитетов, прессу, которая честно освещала ситуацию, руководство банков и особенно Григория Марченко, председателя Национального банка Республики Казахстан, который предоставил мне эту возможность и способствовал ее успеху.

Обращаюсь к читателям, и, хотя мы никогда не встречались до этого, надеюсь, что эта книга послужит вам источником вдохновения. Обожаю слово «нет». Я понимаю, как люди хотят, чтобы вы потерпели неудачу, — воспользуйтесь этим ценным пониманием, чтобы уменьшить риск и продвинуться к успеху.

Особая благодарность Кэнди Кросс, моему редактору, которая работала со мной над этой книгой с большим энтузиазмом и профессионализмом.

Предисловие

Реструктуризация казахстанского банка в 2009-2010 годах была выдающимся усилием нашей страны по достижению трудного, но справедливого решения для всех заинтересованных сторон, и Марсия сыграла ключевую роль в этих усилиях. Я тот человек, который настоял на том, чтобы ее наняли для проведения реструктуризации.

Я был назначен на второй срок председателем Национального банка Казахстана в конце января 2009 года, чтобы решить сразу две большие проблемы. Первая – наш крупный сосед и крупнейший торговый партнер, Россия, девальвировала свою национальную валюту, рубль, на 50%, и мы должны были сделать компенсационную девальвацию для защиты наших рынков. Тенге обрушился на 25%, 4 февраля, что в то время подвергалось резкой критике, но оказалось своевременной и эффективной мерой. И второе – мы знали, что по крайней мере три из наших десяти крупнейших банков сильно пострадают от девальвации, поскольку они явно привлекли много займов на международных рынках капитала в годы бума (2005-2007 годы). Более 60% обязательств БТА Банка и Темирбанка и более 70% обязательств Альянс Банка были в иностранной валюте. Мы должны были или реструктурировать их внешний долг, или ликвидировать их в установленном порядке. Третьим вариантом (который был в значительной степени предпочтителен для Запада) было спасение банков государством за счет денег налогоплательщиков, и кратко обсуждался, но цена этого варианта была для государства слишком высока.

Следуя рыночной практике, банки в рамках тендера наняли инвестиционные банки и юридические фирмы, чтобы они представляли их интересы на переговорах с пострадавшими инвесторами, но мы также решили нанять наших собственных консультантов, которые могли бы стойко отстаивать интересы нашей страны. Я предложил привлечь Марсию для представления банков, а также Джона Хоуэлла – для юридической части. Когда нанимают инвестиционные банки для таких сложных и противоречивых реструктуризаций, они, как правило, больше прислушиваются к другой стороне по очевидным причинам; наша сторона не является для них важным клиентом, в результате чего по другую сторону стола у вас есть десятки крупных инвестиционных фондов, страховых компаний, коммерческих банков и Эксимбанков. Таким образом, в конце концов, они обычно предвзяты и склонны предлагать решение, которое «требует рынок» и которое обычно несправедливо по отношению к развивающейся стране и/или ее банкам. И это было первым из новшеств нашего подхода, которое принесло огромную пользу, поскольку Марсия много раз доказывала свою состоятельность в сделке.

Программа реструктуризации казахстанского банка была длительной, сложной, запутанной, инновационной и, порой, раздражающей сделкой, но в итоге мы вышли из нее с честью, и мы должны поблагодарить за это в очень большой степени Марсию, хотя это определенно была командная работа, и много людей было вовлечено. Когда была подписана окончательная сделка, несколько представителей инвесторов подошли ко мне и поблагодарили за справедливое отношение, и это было самым важным. В подобной сделке каждая сторона должна что-то потерять, но потери должны быть распределены объективно справедливо, и никто не должен чувствовать, что им пользуются.

Я настоятельно рекомендую эту книгу, поскольку она может быть очень полезна всем, кто может быть вовлечен в любой вид реструктуризации долга, а такого в мире очень много.

- Григорий Марченко,
бывший председатель
Национального банка Казахстана
(1999-2004, 2009-2013)

Пролог

«Немногие люди готовы ехать в развивающиеся страны и что-то менять. Дело не только в переменах. Развивающиеся страны также оказывают влияние на развитые страны. Многие процессы зависят друг от друга».

- Марат Бекетаев,
бывший министр юстиции Республики Казахстан

В понедельник, 15 сентября 2008 года в 1.45 ночи, Lehman Brothers Holding Inc[1] подала заявление о банкротстве в суд по делам о банкротстве Соединенных Штатов Америки по Южному округу Нью-Йорка. Это была крупнейшая процедура банкротства в истории США. 164-летняя фирма была четвертым по величине инвестиционным банком США, и ее банкротство вызвало глобальный финансовый кризис. Страны, компании и банки не могли выйти на рынок для рефинансирования. Число банкротств, ликвидаций и реструктуризаций резко возросло.

За 5000 миль от Нью-Йорка контролируемая паника так же, как и во всем мире, прокатилась по Астане, столице Казахстана, крупнейшей стране Центральной Азии и девятой в мире по величине своей территории. Эта удивительная страна сочетает в себе древние элементы и современные удобства. Я могу подтвердить это, потому что Казахстан для меня стал вторым домом.

Мое путешествие в Казахстан началось в 2002 году, когда я прибыла сюда в составе команды UBS capital markets[2]. Я была руководителем отдела исследований корпоративных облигаций CEMEA[3] и LATAM[4] в UBS в Лондоне. Я продолжала быть профессио-

---

1   *Lehman Brothers Holding Inc – глобальная фирма по оказанию финансовых услуг, основанная в 1850 году в США, чье банкротство в 2008 году спровоцировало мировой финансовый кризис.*

2   *UBS – крупнейший международный финансовый холдинг, со штаб-квартирой в Швейцарии, предоставляющий финансовые услуги по всему миру*

3   *CEMEA - аббревиатура, обозначающая страны центральной и восточной Европы, среднего востока и Африки (Central and Eastern Europe, Middle East and Africa).*

4   *LATAM - аббревиатура, обозначающая страны Латинской Америки и Карибского бассейна*

нально связанной с Казахстаном на протяжении всей моей карьеры в инвестиционном банке и хедж-фонде. Однако именно в 2009 году во время финансового кризиса я приступила к выполнению миссии, определившей мою карьеру: реструктурировать три банка одновременно, в то же время создавая международный бенчмарк. Это путешествие началось с того, что глава Национального банка Григорий Марченко набрался смелости предложить мне мыслить нестандартно.

Международные рынки капитала были практически закрыты, что привело к кризису ликвидности. Развивающиеся рынки подвергались ударам, а их валюты были разгромлены. У Казахстана не было иммунитета от происходящего. Ухудшение качества активов и девальвация казахстанской валюты тенге (KZT) оказывали давление на балансы банков. В разгар этого кризиса казахстанские банки: БТА Банк, Альянс Банк и Темирбанк — нуждались в рекапитализации. Их балансовые отчеты отражали последствия закрытых рынков капитала, замедления экономического роста и плохого управления рисками. БТА Банк, один из крупнейших по активам, вызывал особую озабоченность, учитывая влияние, которое он мог оказать при своем крахе на платежную и банковскую системы. В инвестиционных кругах Казахстан считался одной из лучших банковских систем в регионе.

После 24-часового инструктажа со стороны банковских властей и руководства банка в офисе председателя АО «Фонд национального благосостояния «Самрук-Қазына» я поняла, что ставки высоки. Последствия краха БТА Банка были бы огромными. Еще у двух банков были большие проблемы (Альянс Банк и Темирбанк), и обвинения в мошенничестве подкрепляли низкое качество активов. Я должна была выяснить, должно ли правительство Казахстана принять подход помощи от государства, применяемый развитыми экономиками для системных банков, или может быть реализован инновационный альтернативный подход. Глобальные инвестиционные банкиры, конечно, требовали от правительства помощи инвесторам.

10 февраля 2009 года, когда я шла под холодным ветром по ступенькам, ведущим к кабинету премьер-министра, я глубоко вздохнула и сказала себе, что лучший подход — создать новый. И мы это сделали. Родилась программа «Распределение финансового бремени», и так был создан международный бенчмарк. В этом месяце я стала старшим советником премьер-министра Казахстана Карима Масимова.

Финансовая поддержка (Bailout) — общий термин для оказания финансовой помощи компании или стране, столкнувшейся с потенциальной угрозой банкротства. Это может выражаться в форме займов, денежных облигаций или покупки акций. Финансовая помощь может потребовать или не потребовать возмещения расходов и часто сопровождается усилением государственного надзора и регулирования. Причина финансовой помощи заключается в поддержке отрасли, которая может затронуть миллионы людей по всему миру и оказаться на грани банкротства из-за затяжного финансового кризиса. (The Economic Times)

Концепция Распределение финансового бремени/стратегия реструктуризации *имеет в своей основе четыре столпа: поддержка ликвидности, сохранение суверенного финансового профиля, сокращение морального риска и улучшение корпоративного управления. План предусматривал участие кредиторов через руководящие комитеты, которые вели переговоры между собой, создавая динамическую напряженность участников в капитале. Стратегии реструктуризации предусматривали восстановление активов как часть ценностного предложения для кредиторов.*

Введение

НОВАТОРСКАЯ ФИСКАЛЬНАЯ ОТВЕТСТВЕННОСТЬ

«Я даю правительству полный карт-бланш на принятие любых шагов по стабилизации экономики и финансовой системы и широкие полномочия для принятия любых нестандартных решений, необходимых в текущих условиях. Правительство и Национальный фонд будут нести личную ответственность за стабильность экономики, финансовой системы и социальные проекты».

- Президент Республики Казахстан Нурсултан Назарбаев,
New Europe Online, 20 октября 2008 года

КАЗАХСТАНСКАЯ ПРОГРАММА РЕСТРУКТУРИЗАЦИИ «РАСПРЕДЕЛЕНИЕ ФИНАНСОВО-ГО БРЕМЕНИ» считается международным эталоном, который обсуждается и анализируется среди политиков и экспертов, когда проводятся программы реструктуризации банков[5]. Эта программа реструктуризации также является предметом тематического исследования Оксфордского университета[6], преподаваемого в бизнес-школе университета SAID и Школе управления Блаватника, где она впервые была представлена. Тематическое исследование является динамичным, учитывая, что Программа реструктуризации, принятая Казахстаном, была инновационной как в отношении своей стратегии, так и в отношении процесса ее реализации, поскольку она пропагандировала стратегию списания части долгов в целях спасения от краха, а не предпочитаемую кредиторами финансовую помощь.

Казахстанская Программа реструктуризации отвергла представления о том, что правительство должно спасать инвесторов, и что жесткая экономия является

---

5   *Автор представила программу реструктуризацию на встречах в Парижском клубе, в 2010 году, и подготовила статью в ежегодный отчет Парижского клуба 2010 года, под названием «Ломая шаблоны»*

6   *Программа реструктуризации банковского сектора в Казахстане АО «БТА Банк», Атиф Ансар и Ариель Ахеарн, 25 мая 2015 года.*

«необходимым злом» на пути к финансовой стабильности, тем самым она поставила граждан выше инвесторов. Примечательно, что казахстанская Программа реструктуризации развенчала представление о том, что странам необходимо подчиниться требованиям посредников, находящихся во внутреннем конфликте, путем проведения своей программы под руководством независимого советника по реструктуризации, в результате чего центр власти переместился на правительство, а не в международные финансовые центры.

От риска к возможностям

Эта книга представляет собой качественный исследовательский и критический анализ этапа после завершения Программы реструктуризации Казахстана «Распределение финансового бремени» на сумму 23,4 миллиарда долларов США. Цель книги – побудить политиков и практиков оценить унаследованные последствия, которые может оказать на страну большая программа финансовой реструктуризации, и разработать программы, учитывающие эти последствия для экономики и людей. Учитывая, что большие финансовые программы могут оказать существенное влияние не только на население а страны, заинтересованные стороны и политиков, но и на экономику и интересы разных сторон в связке с глобальной структурой экономического роста и финансирования, большие финансовые программы являются важной областью для дальнейших академических исследований в рамках дискурса управления большими программами.

Аналитическая основа «Риск, восстановление и укрепление» - это ответ на вопрос «В какой степени программа реструктуризации создала унаследованные эффекты?». В вопросе заложена идея о том, что Программа реструктуризации была «большой программой». Поэтому аналитическое содержание взято из основной академической литературы по большим программам, которая не унифицирована в своем определении наследия, поскольку концепция, возможно, расплывчата (Голд и Голд: 2008), или в определении эффектов наследия, хотя есть сходства. Для целей этой книги наследие определяется как «...охватывающее множество различных аспектов, включая имидж, экономику, окружающую среду и устойчивость» (Дэвис и Торнели: 2010; стр. 89), поскольку они имеют долговечность и длительное влияние.

В книге обсуждается следующее:

- Контекст, в рамках которого действовал Казахстан, включая опасения и требования, вызванные финансовым кризисом.

- Управление государством в условиях кризиса и, следовательно, цели внедрения инновационной Программы реструктуризации «Распределение финансового бремени».

- Эффекты наследия, путем разделения определений, присутствующих в академической литературе, сводя их к основным темам, чтобы сравнить определенные эффекты наследия в контексте Казахстана. Эти основные темы по наследию включают политическое измерение (Хэлл и Ходжес; 1996)[7], макроэкономическое воздействие (Касимати и Доусон: 2009), устойчивость, имидж и созданную среду (Дэвис и Торнли: 2010). Анализ исключает, как неуместные, такие аспекты, как восстановление городов (Дэвис и Торнли: 2010) и исключенные группы (Миннаерт; 2001), которые не имеют контекстуальной значимости.

Образцовая финансовая большая программа

Позиция этой книги заключается в том, что коллективная реструктуризация Альянс Банка, БТА Банка и Темирбанка подпадает под определение «большая программа». Признано, что отсутствует формальное определение большой программы. Тем не менее, существует понимание, что большие программы огромны по масштабам и имеют трансформационный характер, а также существуют в течение многих лет с временной организационной структурой. Артто К., Мартинсуо М. и др. (2009) определяют большую программу как имеющую «открытый системный взгляд и стремящуюся к изменениям в постоянных организациях» (стр. 1), а управление программой «... как скоординированную организацию, направление, и реализацию портфеля проектов и деятельности, которые в совокупности приводят к достижению конечных результатов и реализации выгод, имеющих стратегическое значение» (стр. 1).

Программа реструктуризации в Казахстане была трансформационной со сложной временной организацией (Лундин и Содерхолм: 1995), она должна была управлять динамикой капитала различных заинтересованных сторон. Все банки были реструктурированы одновременно в рамках одного и того же общего дизайна «Распределение финансового бремени» и подхода, с одним и тем же портфельным менеджером, независимым консультантом по реструктуризации, который руководил программой. Как показано на Рисунке 1, в Программе реструктуризации было много различных заинтересованных сторон с конкурирующими интересами. Каждой аудиторией заинтересованных сторон необходимо было управлять с помощью различных коммуникационных стратегий.

Организационная структура была новаторской и трансформирующейся за счет наделения независимого консультанта по реструктуризации операционным контролем, который включал разработку стратегии и внедрение процессов. Инвестиционным банкам и кредиторам была отведена исполнительная роль, а правительство контролировало весь

---

7 См. Hall & Hodges (1996). Исследования подчеркивают, что часто акцент на наследии делается на экономическом аспекте событий в ущерб социальному анализу, анализу окружающей среды, и политическому анализу.

процесс, увеличивая стоимость в процессе реструктуризации. По сути, инвестиционные банки больше не владели цепочкой процесса принятия решений и их исполнения. Они лишились своей динамической силы, изменив обычный деловой характер рыночных переговоров, на которые по своей сути влияет конфликт интересов из-за бизнес-моделей инвестиционных банков.

Рисунок 1

Рисунок 1: Многочисленные заинтересованные стороны Программы реструктуризации казахстанского банка

Подчеркивая важность уникальной операционной структуры для Программы реструктуризации «Распределение финансового бремени», Framcl Finance (IIF) опубликовал программу реструктуризации, в которой говорится, что успех программы был обусловлен тем, что государство создало свою собственную стратегию и внедрило ее с помощью независимых консультантов (IIF, октябрь 2010; стр. 13). Операционная система «Распределение финансового бремени» бросила вызов образу действий и имела несомненно стратегическое значение (Артто, К., Мартинсуо, М. и др.) для правительства Казахстана, стремящегося сохранить финансовый профиль и рейтинг страны инвестиционного уровня и поддержать стабильность финансовой системы.

Основные элементы Программы реструктуризации «Распределение финансового бремени» — поддержка ликвидности, сохранение суверенного финансового профиля государства, сокращение морального риска и улучшение корпоративного управления — используются в книге для облегчения междисциплинарного сравнительного анализа.

На протяжении всего анализа будет видна оценка влияния процесса (Дэвис и Торнли: 2010) и организационной структуры на достижение заранее установленных показателей наследия, которые поддерживают программу как общественно интересную инициативу, преодолевая напряжение присущее, когда скорость и эффективность (там же) способствуют успеху.

Макроэкономическое воздействие Программы реструктуризации будет частью дискурса в качестве части анализа. Это сильная тема в академической литературе по наследию (Казимото и Доусон: 2009) и нить, которая связывает дискурс о наследственном эффекте. Использование казахстанской Программы реструктуризации в качестве примера уместно для раскрытия традиционной академической литературы об унаследованном эффекте от большой программы и для ее помещения в рамки большой финансовой программы. Кроме того, для полноты анализа в этой книге рассматривалась политическая экономия Казахстана.

Глава первая

ФИНАНСОВЫЙ ПОРТРЕТ НА ШЕЛКОВОМ ПУТИ

*"Если ты всегда стараешься быть нормальным, ты никогда не узнаешь,
каким удивительным ты можешь быть".*

- Майя Анджело,
поэт, активист движения за гражданские права.

Казахстан является страной, не имеющей выхода к морю, с сырьевой экономикой, с населением более 16 миллионов человек к 2009 году. Попутный ветер сырьевого спада и финансовый кризис поставили под угрозу инвестиционный рейтинг страны. Если правительство гордилось тем, что погасило свой долг перед МВФ раньше, чем ожидалось, то вопрос о том, чтобы взять на себя долги или изменить свой сильный финансовый профиль, правительством не рассматривался.

В годы, предшествовавшие финансовому кризису, начавшемуся в 2007 году, Казахстан на протяжении многих лет наслаждался интересом инвесторов к облигациям и акционерному капиталу, причем банки, среди других, были активными эмитентами.

Я согласна с контекстуальным резюме, сделанным Консультативной группой по принципам в их отчете за октябрь 2010 года: «В течение десятилетия, предшествовавшего мировому финансовому кризису, устойчивый приток капитала способствовал быстрому расширению внутреннего кредитования и сильному экономическому росту, в основном ориентированному на секторы недвижимости и строительства. В результате этого роста казахстанские банки стали более зависимыми от оптового финансирования, что сделало финансовый сектор уязвимым к колебаниям международных потоков капитала. Неудивительно, что банковская система Казахстана, наряду с развитыми рынками, подверглась серьезному давлению во время мирового финансового кризиса, поскольку иностранные кредитные линии были прерваны, в то же самое время, резко возрос объем необслуживаемых кредитов, а качество активов быстро ухудшилось. Кроме того, предполагаемые мошеннические действия и кредитование связанных сторон, часто необеспеченное, в Альянс Банке и БТА Банке вызвали затруднения у аудиторов и местных регулирующих органов».

Исследователи часто демонстрировали Казахстан как страну с сильной, а по мнению некоторых экспертов, самой сильной банковской системой в СНГ. Я была управляющим директором, главой по исследованиям корпоративных облигаций LATAM (Латинская Америка) и CEMEA (Центральная и Восточная Европа, Ближний Восток и Африка) для UBS и написала несколько исследовательских отчетов по казахстанским выпускам ценных бумаг, включая банки. Я также разместила много облигаций в начале 2000-х годов среди диверсифицированных глобальных инвесторов.

Такие рыночные возможности могут измениться быстро.

В 2008 году, когда рефинансирование еврооблигаций стало затруднительным, выяснилось, что сектор был перекредитован, а его подверженность риску и зависимость от международного рынка капитала были препятствиями.

В условиях, когда международный рынок капитала страдал от отсутствия ликвидности, у местных эмитентов было мало альтернатив для привлечения финансирования. Внутренний рынок депозитов был небольшим, на него приходилось 44% (БТА Банк, сентябрь 2009 года) фондирования, в то время как рынок депозитов физических лиц составлял всего 13%. Сектор столкнулся с огромной необходимостью в ликвидности, и правительство было обеспокоено объемом внешнего долга в твердой валюте, который, по данным Национального банка Казахстана, в 1 квартале 2007 года составлял более 50% ВВП. Эта «взаимосвязанность», зависимость от оптового финансирования и зачаточная стадия развития внутреннего рынка капитала сделали Казахстан уязвимым для международного финансового кризиса.

Ситуация с банковскими балансами ухудшилась, когда Национальный банк Казахстана девальвировал тенге в феврале 2009 года на 18%[8]. Казахстан боролся со значительными макроэкономическими факторами, включая низкий сырьевой цикл и давление на его международные резервы, вызванное девальвацией российского рубля и украинской гривны[9]. Чрезмерная подверженность банковского сектора риску в секторе недвижимости и просроченных кредитов, а также замедление темпов роста экономики, когда валовой внутренний продукт (ВВП) упал до 1,2%, о чем сообщил Национальный банк Казахстана в октябре 2010 года, привели к тому, что резервы банковского сектора на возможные потери по ссудам составили 30,6% к июню 2009 года с 5% в декабре 2006 года. По данным менеджмента БТА Банка, прибыль сектора резко упала до убытка в размере

---

8   *Агентство Bloomberg, 4 февраля 2009 года: Казахстанский Центральный банк девальвирует тенге на 18%, прекращает поддержку (обновление 2)*

9   *Агентство Bloomberg сообщило 4 февраля 2009 года, что глава Национального банка заявил, что девальвация тенге была вызвана валютным давлением со стороны России и Украины, что оказало давление на валютные резервы, и сделана для поддержания конкурентоспособности местных производителей.*

14,6 миллиарда долларов США по сравнению с прибылью в размере 89 миллионов долларов США в 2008 году.

К сожалению, в этом не было ничего необычного. Как и при любом финансовом потрясении, кризис «снижает цены на инвестиции более низкого качества» (Бернанке; 2001: с. 266).

Джоэл Мотли, управляющий директор Public Capital Advisors, LLC, сказал: «Посмотрите книгу Тимоти Гейтнер «Стресс тест». Это очень хорошо написано, но это пугает. Он очень открыто говорит о стрессах, которые испытывал. С этой грандиозной катастрофой в 2008-2009 годах мы были близки к тому, чтобы уничтожить карточный домик. История Марсии похожа в том смысле, что Казахстан имел дело с управляемой финансовой катастрофой. У нее, как и у Гейтнера, смелые, интересные взгляды молодого специалиста».

Каковы были эти взгляды и каковы были эти варианты минимизации последствий этого колоссального кризиса? Что потребуется, чтобы эффективно обезопасить крупнейшую страну Центральной Азии и девятую по величине в мире? Может ли одна многоцелевая стратегия объединить весь спектр знаний, необходимых для спасения страны Шелкового пути?

Глава вторая

ВОЗВРАТА НЕТ:
ШЕСТЬ ПРИНЯТЫХ СТРАТЕГИЙ, А ЗАТЕМ ПРАВИЛЬНАЯ

В разгар кризиса, Казахстан столкнулся с потерей доверия инвесторов, когда рынок кредитно-дефолтных свопов (CDS)[10] переоценил суверенные бумаги до историческо-го максимума в более чем 1600 базисных пунктов по сравнению со спредами менее 200 базисных пунктов до кризиса. Расширение спредов указывало на то, что инве-сторы были обеспокоены тем, что финансовый кризис и нестабильное положение банковской системы могут оказать существенное давление на финансовое положе-ние государства.

Рабочая попытка, которую пытались навязать Казахстану, следовала шести основ-ным стратегиям. Четыре из этих стратегий возлагали бремя банковского сектора на государство, а две другие могли усугубить кризис внутри страны:

- Частные решения, получившие государственную поддержку, такие как по-глощение Sachsen LB Ландесбанком (доклад по стране МВФ, июль 2011г.) или J.P. Morgan, получивший выгоду от кредита, предоставленного Федеральной резервной системой Нью-Йорка, на приобретение Bear Stearns (предваритель-ный отчет персонала: 31 августа 2010г.).

- Прямая государственная помощь, которая обычно оказывалась как поддержка ликвидности, предоставляемая государством финансовым институтам. Гло-бальные примеры включают Исландию, Великобританию, Грецию, Ирландию и другие (предварительный отчет персонала: 31 августа 2010г.).

- Чрезвычайные кредиты, такие как 85 миллиардов долларов США, выделенные правительством США для поддержания платежеспособности AIG (там же) или через структуры холдинговых компаний, используемые Goldman Sachs и Morgan Stanley.

---

10   *Рынок кредитно-дефолтных свопов (CDS) позволяет инвесторам хеджировать позиции путем защитных покупки или прода-жи. CDS также могут использоваться в качестве спекулятивного инвестиционного инструмента. В зависимости от рынка CDS более ликвидны, чем облигации.*

- Консервация, представляющая собой механизм передачи полномочий, обычно предписываемых директорам, должностным, лицам и акционерам компании, назначенному консерватору (Федеральная служба жилищного финансирования США), который был применен для спасения Freddie Mac и Fanny Mae (Ангелидес и Томас: январь 2011г.), которые были государственными предприятиями (GSE).
- Чрезвычайные гарантии, которые в зависимости от развитой страны, распространяются на обязательства, отличные от депозитов (Лазвен и Валенсиа: 2010).
- Банкротство, в качестве широко освещаемого примера - Lehman Brothers, самого впечатляющего финансового кризиса и рисков, связанных с допущением неконтролируемого банкротства банка.

Эти подходы не устраивали правительство Казахстана. Нам нужна была новая реальность. И в первом квартале 2009 года эти стратегии были публично отклонены в связи с принятием «стратегии списания», которая стала известна как структура реструктуризации «Распределение финансового бремени».

Этот подход, игнорирующий идею спасения кредиторов, государственных или частных, и освобождения государства от долгов, был «в первую очередь и в большей степени политическим» (Гуэмбел and Сассман: 2009; стр. 1298) с намерением обойти «разорение ближнего своего» (Stiglitz; Summer 2001; стр. 14), позиция, которая поставила бы потребности кредиторов выше потребностей государства, потенциально требуя от последнего принятия обременительной экспансионистской фискальной политики после реструктуризации (Stiglitz; Summer 2001) или программы жесткой экономии. Это также вызывало споры, потому что у Казахстана были возможности для увеличения своего долга, поскольку валовой долг страны составлял всего 13%, что было значительно ниже медианы 35 баллов по рейтингу «BBB» (Fitch Rating, Лондон, 20 декабря 2010г.) для суверенного государства с инвестиционным рейтингом.

После объявления этого подхода правительство подверглось угрозам закрытия рынка капитала и угрозам быть названным «государством-изгоем». Эта тактика запугивания, обычно применяемая к правительствам стран с формирующимся рынком, была воспринята лицами, принимающими решения, как отчаянная попытка кредиторов использовать рыночный рычаг. Было также понятно, что кризис создает возможности для инвесторов. Это проявляется во многих финансовых кризисах на развивающихся рынках, таких как азиатский кризис, кризис текилы, самбы и рубля, которые охватили развивающиеся рынки в конце 1990-х и начале 2000-х годов и привели к относительно быстрому возвращению инвесторов из хедж-фондов к участникам только для длинных позиций. Однако для привлечения кредиторов правительство понимало, что процесс реструктуризации должен точно раскрывать информацию, и что процесс принятия и реализации решений должен быть прозрачным и соответствовать передовой практике. Однако лучшая практика не означает молчаливого согласия с требованиями рынка. Вы можете создать свой повествовательный дизайн и реализовать свое видение.

Насколько прозрачной может быть масштабная трансформация? Могут ли политика и процесс составить идеальный союз? Как говорится «всем миром» и непреклонными усилиями руководящего состава.

Хронология ключевых событий

май **2005 года**	Мухтар Аблязов становится председателем Совета директоров Банк ТуранАлем
январь **2007 года**	Цены на недвижимость в США начинают падать
22 июня **2007 года**	Bear Stearns спасает свой хедж-фонд, который впоследствии терпит крах
август **2007 года**	Кредитный кризис в США и инвесторы уходят с рынка
октябрь **2007 года**	Рейтинговое агентство Standard & Poor's понизило инвестиционный рейтинг Казахстана до минимального уровня ВВВ как результат воздействия финансовой системы на кредитный кризис
14 сентября **2007 года**	Британский ипотечный кредитор Northern Rock получает срочный займ от Банка Англии
26 ноября **2007 года**	Citigroup получает капитал за счет инвестиций в размере 7,5 миллиардов долларов от суверенного фонда благосостояния Инвестиционного управления Абу-Даби
2008 год	Банк ТуранАлем под руководством Аблязова переименовывает себя в БТА Банк
16 марта **2008 года**	Bear Sterns продан JP Morgan при содействии правительства
лето **2008 года**	Мировые цены на нефть падают со 150 долларов за баррель до 40 долларов за баррель и вызывают шок в Казахстане
7 сентября **2008 года**	Правительство США спасает Fannie Mae и Freddie Mac с помощью огромного спасательного пакета

15 сентября 2008 года	Lehman Brothers объявил о банкротстве и Merrill Lynch продан Bank of America
16 сентября 2008 года	Федеральная резервная система США спасает AIG, скупив контрольный пакет акций
октябрь 2008 года	Обнародование закона о финансовой стабилизации в Республики Казахстан
31 декабря 2008 года	В отчете Ernst&Young говорится об ухудшении финансового положения и надвигающейся неплатежеспособности БТА Банка
февраль 2009 года	Агентство Республики Казахстан по регулированию и надзору финансового рынка и финансовых организаций предлагает выкупить контрольный пакет акций БТА Банка
февраль 2009 года	После девальвации в России и Украине, тенге был девальвирован для повышения конкурентоспособности казахстанского экспорта
9 февраля 2009 года	Марсия Фавале-Тартер встречается с Григорием Марченко и Кайратом Келимбетовым

Источник: Бизнес-школа Said Оксфордского университета, 2015, исследование, проведенное Ansar, Atif и Ariell Ahearn (25 мая 2015г.); Программа реструктуризации банковского сектора в Казахстане: АО «БТА Банк»

Глава третья

ПОДЪЕМ К ТРАНСФОРМАЦИИ

Когда банки начали сообщать о значительном обесценении балансов, правительство было обеспокоено отсутствием информации о степени ослабления баланса. Значения неплатежеспособности колебались с каждым днем. Александер (1997) отразил эту динамику в своем заявлении: «чистая стоимость проблемного банка с обесцененным кредитным портфелем может быть только предположена и будет меняться по мере изменений основных условий экономики и клиентов банка, а также по мере изменения стоимости активов, отчасти в ответ на изменения общественного доверия и экономической политики» (стр.3).

Правительство знало, что доверие общественности и инвесторов необходимо восстановить. В результате Казахстан предпринял ряд значимых шагов. Он действовал оперативно, разработав и внедрив большинство ключевых преобразовательных решений в течение восемнадцати месяцев, скорость и эффективность которых, бесспорно повысилась за счет политической экономии страны. 23 октября 2008 года в стране были приняты поправки в законодательство, направленные на укрепление стабильности и устойчивости финансовой системы страны. Закон также направлен на укрепление позиций финансовой власти страны (IIF; октябрь 2010г.; стр. 13). В первом квартале 2009 года правительство выделило 10 миллиардов долларов США на Антикризисный план для оказания помощи реальному сектору экономики и финансовому сектору[11]. Финансовому сектору было выделено 4 миллиарда долларов США на «создание новых или восстановление старых потоков привлечения финансирования после серьезных сбоев и для реабилитации неплатежеспособных должников» (Бернанке 2001: стр. 172).

Чтобы увеличить ликвидность в системе, Национальный банк Казахстана под проницательным руководством Григория Марченко выполнил свою задачу, понизив резервные требования до 0% для реструктуризации банков и предоставив репо-кредитные линии, а также изменив определение принятого обеспечения. Чтобы предотвратить массовое изъятие банковских вкладов, которое «... является общей чертой экстремального кризиса, сыгравшего заметную роль в денежной истории» (Даймонд и Дибвиг 1983; стр.41), Национальный банк увеличил страхование розничных вкладов и распространил страхование вкладов на 99% всего населения. В качестве дополнительной меры по поддержанию ликвидности в целевых банках государственным компаниям было предписано хранить депозиты в определенных банках. Я принимала непосредственное участие в разработке и успешной реализации этой политики.

В первом квартале 2009 года, когда аудиторы завершили проверку банков и определили потребности в рекапитализации, правительство начало Программу реструктуризации «Распределение финансового бремени», выбрав Альянс Банк, БТА Банк и Темирбанк в качестве ее участников. Правительство уже вмешалось в дела первых двух банков, а третий представлял интерес, поскольку он был лидером по ипотечному кредитованию. Эти три банка имели большое значение для банковской системы в целом, представляя первый, пятый и шестой крупнейшие банки по совокупным активам.

Банки были реструктурированы одновременно в рамках одного и того же комплексного подхода к планированию Программы реструктуризации с распределением финансового бремени, при этом программой руководил один и тот же управляющий портфелем. Каждый из банков имел одинаковую схему реструктуризации. Во всех трех примерах требовалось, чтобы кредитор и правительство разделили бремя рекапитализации банков с существенными дисконтами.

Краткий обзор условий реструктуризации

Конечные результаты реструктуризации Альянс Банка

Общая потребность банка в рекапитализации составляла 3,6 миллиарда долларов США, а общий приемлемый долг — 5,3 миллиарда долларов США. Кредиторы обеспечили 2,7 миллиарда долларов США в качестве собственного капитала путем списания долга и конвертации облигаций в акционерный капитал. Непогашенная сумма после реструктуризации была доступна кредиторам с помощью четырех вариантов обеспечения, основанных на приемлемости. Кроме того, со стороны управления по восстановлению активов кредиторам были предоставлены облигации по возврату активов (Recovery Notes) для участия в улучшении баланса от управления восстановлением активов. Общая сумма обязательств перед кредиторами до начала переговоров составляла 4,4 миллиарда долларов США, что означало сокращение номинальной стоимости на 61%. Правительство через Фонд национального благосостояния «Самрук-Қазына» вложило 860 миллионов долларов США в акционерный капитал путем конвертации всего долга в капитал.

Краткий обзор конечных результатов реструктуризации БТА Банка

Общая потребность банка в рекапитализации составляла 11,256 миллиарда долларов США, а общий приемлемый долг — 16,7 миллиарда долларов США. Кредиторы обеспечили 6,8 миллиарда долларов США в виде собственного капитала путем списания долга и конвертации облигаций в акционерный капитал. Непогашенная сумма после реструктуризации была доступна кредиторам с помощью пяти вариантов обеспечения в зависимости от правомочности. Кроме того, кредиторам были предоставлены облигации по возврату активов (Recovery Notes) для участия в улучшении баланса от управления возвратом активов. Общая сумма обязательств перед кредиторами до конвертации составляла 12,2 миллиарда долларов США, что означало сокращение номинальной стоимости на 56%. Правительство через Фонд национального благосостояния «Самрук-Қазына» вложило 4,45 миллиарда долларов США в акционерный капитал, конвертировав весь долг в капитал.

Краткий обзор конечных результатов реструктуризации Темирбанка

Общая потребность банка в рекапитализации составила 804 миллиона долларов США, а общий приемлемый долг — 1,4 миллиарда долларов США. Кредиторы обеспечили 650 миллионов долларов США собственного капитала путем списания долга и конвертации облигаций в собственный капитал. Непогашенная сумма после реструктуризации была доступна кредиторам с помощью четырех вариантов обеспечения в зависимости от правомочности. Кроме того, кредиторам были предоставлены облигации по возврату активов (Recovery Notes) для участия в улучшении баланса от управления возвратом активов. Общая сумма обязательств перед кредиторами до конвертации составляла 1,4 миллиарда долларов США, что означало сокращение номинальной стоимости на 46%. Правительство через Фонд национального благосостояния «Самрук-Қазына» вложило в акционерный капитал 154 миллиона долларов США.

Внесение правильных изменений

Процесс начался организованно и был объявлен общественности, когда я была назначена независимым консультантом по реструктуризации, получив фактическую роль менеджера проекта, а затем став старшим советником премьер-министра Казахстана Карима Масимова. Эта роль требовала разработки стратегии реструктуризации и выполнения программы реструктуризации. Такая операционная структура требовала, чтобы инвестиционные банки, международные юридические и бухгалтерские фирмы де-факто отчитывались передо мной, представлявшей правительство и сами банки.

Эта операционная структура развенчала важность модели, ориентированной на глобальные инвестиционные банки. Инвестиционные банки, хотя и играли важную роль, не руководили и не принимали решения, то есть они не отдавали приказы, отодвигая все остальное на второстепенные вспомогательные роли. Таким образом, эта структура перенаправила контроль над всем процессом правительству через независимого консультанта, то есть менеджера проекта, что устраняло конфликты интересов и обеспечивало большую стратегическую гибкость и правоприменимость[12] . Влияние этой операционной структуры было признано IIF (2010), где отмечали:

«С самого начала процесса реструктуризации при разработке собственной соответствующей стратегии реструктуризации правительство Казахстана заявило о своей приверженности передовой рыночной практике реструктуризации в соответствии с ее принципами. В феврале 2009 года правительство наняло независимых консультантов, предоставивших рекомендации по реструктуризации и возвращению активов, которые послужили формированию стратегии и структуры реструктуризации, представляющей собой подход разделения бремени, который исключал предоставление гарантий, обеспечивая при этом текущую деятельность банков, и в случае с БТА Банком механизм восстановления активов обязывал банк и его акционеров предпринять юридические действия для реализации ценности для банков и их кредиторов». (стр. 13)

Следующим решительным шагом стало принятие правительством в первом квартале 2009 года Закона «О внесении изменений и дополнений в некоторые законодательные акты Республики Казахстан по вопросам совершенствования законодательства Республики Казахстан о платежах и переводах денег, учету и финансовой отчетности финансовых организаций, банковской деятельности и деятельности Национального банка Республики Казахстан» (Закон о реструктуризации), за принятие которого я выступала и который отстаивала.

«Помимо прочего, закон[13] вносит изменения в Закон Республики Казахстан о банках и банковской деятельности. Эти поправки устанавливают процедуру реструктуризации банка, которая может быть обязательной для его кредиторов, включая несогласное меньшинство этих кредиторов» (Дентон Уайлд Сапте; июль 2009, стр. 1).

Принятый Закон о реструктуризации был написан с намерением соответствовать Типовому закону о несостоятельности Комиссии Организации Объединенных Наций по праву международной торговли (UNCITRAL). Подчеркивая важность гармонизации, комитет E15

---

12 *Автор представила доклад «Terra Incognita», 29 января 2010 г., и презентацию «Выдерживание финансового шторма», в октябре 2010 г., в Оксфорде; Серия выдающихся докладчиков для дальнейшего обсуждения и анализа реструктуризации казахстанских банков.*

13 *Речь идет о Законе о реструктуризации*

пригласил меня принять участие и внести письменный доклад на Всемирный экономический форум с предложением принять единые законы о реструктуризации для развивающихся рынков. В докладе предлагается упростить процессы реструктуризации на таких рынках для включения в Типовой закон о несостоятельности.

«Типовой закон призван помочь государствам снабдить свое законодательство о несостоятельности современной правовой базой для более эффективного урегулирования процедур трансграничной несостоятельности в отношении должников, испытывающих серьезные финансовые затруднения или несостоятельность. Основное внимание в нем уделяется разрешению и поощрению сотрудничества и координации между юрисдикциями, а не попыткам унификации основного законодательства о несостоятельности и уважению различий между национальными процессуальными законами. Для целей Типового закона трансграничная несостоятельность — это такая ситуация, когда несостоятельный должник имеет активы более чем в одном государстве или когда некоторые из кредиторов или должник не являются резидентами государства, в котором проводится производство по делу о несостоятельности.»[14]

Наконец, правительство отменило налоги на сокращение долга, чтобы ослабить давление ликвидности на банки. Эти упущенные налоги представляли собой форму субсидии на реструктуризацию. Чтобы восстановить предоставленную поддержку, стратегия реструктуризации предусматривала приватизацию этих банков с намерением, чтобы Фонд национального благосостояния «Самрук-Қазына» продал свой контрольный пакет акций трех банков с прибылью. В итоге правительство объединило Альянс Банк и Темирбанк (2014) под новым собственником, а БТА Банк (2014) объединило с Казкоммерцбанком.

Финансы могут быть неуловимыми. Кто были мои партнеры в ходе этого грандиозного предприятия? Кто были участники этой инновационной большой программы? Могут ли другие страны последовать этому примеру? Давайте глубже погрузимся в основы программы.

---

14   UNCITRAL; https://uncitral.un.org/en/texts/insolvency/modellaw/cross-border_insolvency

Глава четвертая

ОСНОВЫ ПРОГРАММЫ РЕСТРУКТУРИЗАЦИИ «РАСПРЕДЕЛЕНИЕ ФИНАНСОВОГО БРЕМЕНИ»

Под грифом «КОНФИДЕНЦИАЛЬНО» WikiLeaks сообщил: «8 августа 2009 года премьер-министр Карим Масимов проинформировал делегацию Конгресса США, возглавляемую лидером меньшинства в Палате представителей Джоном Бонером (республиканец от штата Огайо) по широкому кругу экономических и энергетических вопросов. (...) Республиканец Уолден спросил премьер-министра, есть ли у правительства стратегия выхода из финансового кризиса. В ответ, он сказал: «Я так и думал, что вы спросите меня об этом!», повернулся налево и подозвал к столу Марсию Фавале-Тартер, западного банковского консультанта, которая владеет собственной консалтинговой фирмой и регулярно консультирует премьер-министра и председателя Фонда национального благосостояния «Самрук-Қазына» Кайрата Келимбетова. Фавале-Тартер, явно пользующаяся доверием премьер-министра, объяснила делегации план правительства».

Здесь начинается обсуждение целей Программы реструктуризации и задаются рамки для ответа на вопрос, в какой степени Программа реструктуризации с распределением финансового бремени создала унаследованные эффекты в Казахстане. Одним из основных принципов реструктуризации было оказание помощи кредиторам и привлечение их в качестве «партнеров в процессе» реструктуризации банков. Правительство стремилось к тому, чтобы управленческие команды банков получали от инвесторов операционные знания, которые могли бы улучшить их деятельность. Кроме того, правительство не было намерено спасать профессиональных инвесторов и перекладывать их риски на себя, освобождая инвесторов от ответственности за инвестиции, а руководство банка от прямой подотчетности.

Стратегия реструктуризации определила четыре столпа, которые являются необходимыми для того, чтобы банки функционировали, сохраняя при этом финансовую устойчивость страны. См. рисунок 2 ниже.

И в каждом из них было переплетено намерение создать позитивное восприятие Казахстана.

Этими столпами были:

- поддержка ликвидности;

- сохранение финансового профиля государства;

- ограничение морального риска;

- совершенствование корпоративного управления.

Рисунок 2

Рисунок 2: Четыре основных элемента стратегии реструктуризации

Поддержка ликвидности

Основным принципом для этой категории было обеспечение того, чтобы средства, предоставленные банку, использовались для поддержания деятельности банка, а не направлялись кредиторам. Перенаправляя ликвидность, банки смогли обеспечить снятие средств с банкоматов и депозитов физических лиц, что развеяло опасения по поводу неминуемого краха банков. Данная мера помогла предотвратить или свести к минимуму изъятие средств из банков и соответствовала внутреннему законодательству, которое имело «переломный» подход к очередности выплат обанкротившегося казахстанского банка. Распределение выплат было следующим: "(а) административные и юридические расходы в связи с банкротством, (b) выплаты по искам о причинении вреда жизни или здоровью, (c) выплаты, причитающиеся работникам в результате их трудоустройства и связанных с этим социальных гарантий и обязательных пенсионных выплат, (d) требования страховой организации, связанные с застрахованными вкладами, (e) требования вкладчиков — физических лиц, связанные с вкладами и переводами, (f) депозиты, состоящие из активов пенсионного фонда и депозитов компаний по страхованию жизни, (g) требования некоммерческих организаций, (h) обеспеченные кредиторов банка, (i) урегулирование налоговых обязательств и погашение займов из государственного бюджета, и (j) необеспеченные требования кредиторов, субординированные необеспеченные требования (White & Case; слайд 8). По сути эта цель не только соответствовала законодательству, но и бросала вызов корыстному представлению о том, что наилучшая рыночная практика означает, что кредиторы стоят выше других в приоритете платежа.

Как я сказала Financial Times 6 октября 2009 года: «Это важный шаг в реструктуризации Альянс Банка и всей системы, поскольку это первый банк, который реструктурированный как действующее предприятие без введения консервации (передачи его под контроль государством)».

«Я не верю, что то, чего мы пытаемся достичь в Казахстане с точки зрения реструктуризации долга банка, непрерывно продолжающего деятельность, было сделано где-либо еще в мире», - сказал Фрэнсис Фицхерберт-Брокхолес, партнер White & Case, в той же части Financial Times.

Сохранение суверенного финансового профиля

Казахстан экономически сильно зависит от сырьевых товаров, на долю сырой нефти в 2008 году приходилось более 50% от общего объема экспорта[15]. Финансовый кризис в сочетании со снижением цен на сырьевые товары оказывает давление на рост ВВП, при этом темпы роста резко упали до менее чем 3% в 2008 году по сравнению с двузначным ростом в 2004-2007 годах[16]. В то время государству был присвоен инвестиционный рейтинг, который оказывает прямое влияние на стоимость финансирования в стране и на все внутренние облигационные эмиссии. Снижение рейтинга инвестиционного уровня оказало бы давление на всю экономическую цепочку создания стоимости, существенно повысив стоимость заимствования для всех эмитентов, при этом запятнав восприятие Казахстана как места для инвестиций. Поэтому сохранение рейтинга было первостепенной задачей.

---

15   *Обсерватория экономической сложности*

16   *Всемирный Банк, показатели мирового развития*

Моральный ущерб

Структура «Распределение финансового бремени» была разработана для снижения риска морального ущерба. «Финансовые регуляторы имеют законный интерес вмешиваться, когда кто-то идет на риск, который затем создает дополнительный риск для других участников финансовой системы. Это внешнее воздействие означает, что общий риск может быть чрезмерным» (Dow; декабрь 2000: стр. 2) и «... что первоначальные потрясения могут быть умножены на моральный риск и финансовый рычаг, так что отдельная фирма может нанести серьезный удар по финансовой системе» (стр. 3). Казахстан уже боролся с четырьмя крупнейшими банками по общей стоимости активов, испытывающими проблемы неплатежеспособности из-за плохого управления кредитами и предполагаемой мошеннической корпоративной деятельности. Если правительство довело бы свою поддержку до уровня, за который выступают международные кредиторы в виде финансовой помощи, кредиторы и руководство были бы освобождены от ответственности за свои инвестиционные и управленческие решения.

Выдача государственной гарантии, прямого займа, либо обмен частных облигаций на государственные, могли бы побудить другие банки искать такое же средство защиты от чрезмерного принятия рисков.

Корпоративное управление

Этот столп поддерживал представление о том, что вовлечение кредиторов улучшает корпоративное управление, сохраняя кредиторов в качестве «партнеров в процессе» (фраза, которую я придумала в рамках повествовательной схемы разделения бремени), ввиду их остаточного участия в банках через акционерный капитал и долг. Каждое реструктурирование предлагало сочетание долга с миноритарным участием в капитале банков. Поскольку основной обеспокоенностью кредиторов было состояние просроченных кредитов в банках, условия реструктуризации включали облигации по возврату активов.

Надлежащее управление для создания стоимости было необходимо для предотвращения дальнейших предполагаемых корпоративных злоупотреблений, мошенничества и общей бесхозяйственности. Чтобы усилить руководство и, следовательно, его управление, корпоративные уставы были переписаны, предоставляя чрезвычайные полномочия «вето» кредиторам по ключевым вопросам управления, таким как одобрение кредитов и надзор за процессом возврата активов, откуда кредиторы через облигации возврата активов получали возможность участвовать в повышении стоимости необслуживаемых кредитов. В уставы также были внесены изменения, касающиеся должностей директоров-кредиторов в совете директоров, внесенных директорами-кредиторами.

Эти директора-кредиторы были независимыми и подотчетными держателям облигаций.

Они возглавляли стратегические комитеты, в том числе по аудиту, возврату активов и управлению.

Прозрачность и раскрытие информации

Прозрачность и раскрытие информации были основополагающими для процесса реструктуризации. Для успешной реализации Программы реструктуризации с распределением финансового бремени необходимо было убедить кредиторов и более широкое инвестиционное сообщество в том, что процесс реструктуризации соответствует передовой практике. Более того, законодательство о реструктуризации требовало *голосования всех кредиторов*, что означало, что две трети кредиторов должны были проголосовать за условия реструктуризации, чтобы реструктуризация была одобрена и имела обязательную силу. Для достижения этой цели процесс реструктуризации должен обеспечить точное раскрытие информации.

С этой целью все три банка создали усиливающий механизм через структуру руководящего комитета, на долю которого приходилась одна треть всей непогашенной задолженности. В его состав входили торговое финансирование, экспортно-кредитные агентства, хедж-фонды и коммерческие банки за исключением самого банка. Эти комитеты были структурированы таким образом, чтобы включать различные классы долга с намерением создать напряженность между участниками в капитале, что приносило бы выгоду банкам во время переговоров о реструктуризации. Как только сумма рекапитализации была согласована в процессе оценки баланса и проверки бизнес-плана, «Самрук-Қазына» распределил свое участие, оставив часть рекапитализации на усмотрение держателей долга.

Эта тактика освободила государство от принятия на себя всего долгового бремени, в то же время предоставив детали реструктуризации на усмотрение участников долга. Структура была необычной, поскольку она вызвала динамику между участниками капитала, что означало, что переговорное давление было интернализировано среди групп кредиторов, а не сосредоточено на всех переговорах против правительства или банковского руководства.

Банки отправились на роуд-шоу, чтобы заручиться поддержкой кредиторов, а руководящие комитеты активно поддерживали сделки. Как независимый советник по реструктуризации и старший советник премьер-министра я лично принимала участие в роуд-шоу и заседаниях руководящего комитета, вела переговоры напрямую с кредиторами и общалась с правительством, руководством банков и командой консультантов с обеих сторон. Все три банка – Альянс Банк, БТА Банк и Темирбанк – получили более 90% одобрения кредиторов. Сразу же после этого реструктуризация была одобрена местными судами и признана юрисдикциями, которые были членами UNICTRAL, или была признана моделью несостоятельности.

Ниже приводится подробная разбивка участников руководящего комитета каждого банка:

*   Члены руководящего комитета Альянс Банка: Азиатский банк развития; Корпо-

ративный и инвестиционный банк Credit Agricole; Commerzbank Aktiengesellschaft; DEG—Deutsche Investitions—und Entwicklungs-gesellschaft mbH; HSBC Bank plc; Bank of Singapore Limited; JP Morgan Chase Bank, N.A.; Sumitomo Mitsui Banking Corporation Europe Limited; и Wells Fargo Bank, Национальная Ассоциация. (Источник: Альянс Банк, 2009, отчет руководства).

- Члены комитета БТА Банка: Bank of Singapore limited; Commerzbank Aktiengesellschaft; D.E.Shaw Group; DEG—Deutsche Investitions—und Entwicklungs-gesellschaft mbH; Euler Hermes; Fortis investment; Gramercy Advisors LLC; Standard Chartered Банк; Королевский банк Шотландии; US Exim банк; и Wells Fargo Bank; Национальная ассоциация. (Источник: БТА Банк, сентябрь 2009 года, отчет руководства)

- Члены комитета Темирбанка: Banco Finantia International Limited; Black River Emerging Markets Credit Fund Ltd; BTG Absolute Return Master Fund LP; Namura International plc и Portland Worldwide Investments Limited. (Источник: Темирбанк 2009, отчет руководства).

Эффекты наследия и модернизация финансов

Проблема в этом анализе заключается в том, что наследие само по себе является расплывчатым и что академическая литература по большим программам не рассматривала углубленно и в рамках академического обсуждения последствия наследия, связанные с финансовыми большими программами. Отвечая на вопрос, в какой степени Программа реструктуризации создала унаследованные эффекты, в этом разделе проводятся параллели с другими событиями «больших программ» в отношении этого академического исследования. Соответственно, в этом разделе анализируются последствия наследия с помощью определения: «наследие может охватывать множество различных аспектов, включая имидж, экономику, окружающую среду, конечную устойчивость» (Дэвис и Торнли, стр. 89) и раскрывает это определение в контексте целей программы реструктуризации с распределением финансового бремени.

Моральный ущерб

Ограничение морального риска было ключевым компонентом принятия концепции реструктуризации с распределением финансового бремени. Существовал риск того, что внешний финансовый кризис создаст среду для системного риска[17] в банковской

---

17   *Доу, Джеймс (декабрь 2000 г. автор рассматривает моральный риск как "ключевой элемент системного риска" (стр. 1). В книге признается, что не существует "общепризнанного определения систематического риска" (стр.2), и обсуждаются различные понятия системного риска для финансовой системы и его важность для политиков. Однако утверждается, что моральный риск потенциально оказывает влияние в контексте системного риска.*

системе Казахстана из-за потенциального воздействия морального риска на финансовую систему (Доу; декабрь 2000г.). Как утверждает Доу (2000), вклад морального риска в системный риск является оправданным беспокойством центральных банков. Доу (2000) исходит из того, что «... системный риск, будучи вопросом государственной политики, должен относиться к случаям наложения рисков на финансовую систему, когда существует определенный элемент внешнего воздействия. Другими словами, финансовые регуляторы имеют законный интерес вмешиваться, когда кто-то идет на риск, который затем создает дополнительный риск для других участников финансовой системы. Это внешнее воздействие означает, что общее принятие риска может быть чрезмерным» (Доу; декабрь 2000г.; стр. 2).

Внешние воздействия существовали.

Кризис ликвидности, вызванный спадом международного рынка капитала, оказал давление на балансовые отчеты. У эмитентов уже не было рынка для рефинансирования рисков и финансирования просроченных кредитов. Более того, правительство вмешалось в дела четырех ведущих банков, получивших прямую поддержку, в результате чего ответственность за потенциальные нарушения со стороны руководства, за исключением БТА Банка, не была полностью обнародована. Я принимала непосредственное участие в обсуждении вопроса о передаче дела о банковском мошенничестве БТА Банка в английские суды. По данным руководства БТА Банка, предполагаемая сумма предполагаемого мошенничества касалась активов в диапазоне от 5 до 8 миллиардов долларов США. В период с 2009 по 2011 годы, в многочисленных новостных источниках, освещалось дело БТА Банка о том, что бывшего председателя преследуют власти за корпоративное мошенничество. Возврат активов шел своим чередом с Джоном Хоуеллом, независимым консультантом, в результате чего общая стоимость реструктуризации превысила 30 миллиардов долларов США.

Правительству необходимо было убедить руководство банков отказаться от корпоративной ответственности и прибегнуть к внешним механизмам спасения, которые облегчили бы подотчетность. Опасения заключались в том, что отсутствие корпоративной ответственности, проявляющееся в Альянс Банке и даже в Темирбанке и БТА Банке, вызовет эффект домино реструктуризации, чтобы замаскировать некомпетентность мошенничества[18].

С точки зрения этого ярко выраженного эффекта наследия, правительству удалось сократить моральный риск. Процедура реструктуризации была ограничена только тремя банками: Альянс Банком, БТА Банком и Темирбанком. Внутренняя уверенность восста-

---

18 *(29 января 2010 г.) Статья Terra Incognita, написанная автором. В отчете рассматриваются преимущества и ограничения кредитования связанных сторон, а также организационная структура БТА, которая допускала корпоративные злоупотребления и мошенничество. Проанализированная практика кредитования и корпоративная структура не были чем-то необычным в финансовой системе Казахстана. Автор также написал статью (30 ноября 2009 г.) под названием «Альянс Банк: мошенничество в степи».*

новилась. Были предотвращены массовые и устойчивые оттоки банковских депозитов. Председатели Альянс Банка и БТА Банка отвечали на внутренние, а в случае БТА Банка — на международные обвинения в преступном поведении. Управленческие команды других банков приняли это к сведению.

Наконец, правительство воспользовалось возможностью, чтобы усилить регулирующие полномочия финансовых банковских органов.

Достойный имидж

Национальный брендинг является важным аспектом построения суверенных профилей. Это оказывает прямое влияние на восприятие иностранных и внутренних инвестиций. Таким образом, восприятие Казахстана во время бурного финансового кризиса было ключевым аспектом при рассмотрении неоднозначной концепции разделения бремени. Неотъемлемой частью концепции брендинга места или страны является признание того, что продукт — «это все, что может быть предложено рынку для привлечения внимания, приобретения, использования, потребления, которое может удовлетворить желание или потребность. Он включает в себя физические объекты, услуги, людей, места, организации, и идеи (Котлер и др., 2008; стр. 500)». Следуя определению Котлера и др., «инвесторы должны воспринимать Казахстан в его банковских секторах как ценное предложение по сравнению с другими развивающимися и даже развитыми рынками. Если принять, что Казахстан и, соответственно, банковский сектор — это продукты, то можно брендировать страну и сектор». Казахстан должен был стать брендированной организацией в соответствии с аргументом Аакера (2006) о том, что ценность бренда организации (то есть страны), является определяющим фактором ценностного предложения продукта (банковского сектора).

Правительство потратило значительное количество времени и ресурсов на продвижение Реструктуризации с распределением финансового бремени через средства массовой информации[19], через ежегодные международные форумы в Астане, на которых собирались мировые лидеры и эксперты в области политики, а также на других мероприятиях, получив положительные и хвалебные отзывы от различных экспертов. Я выступала на различных мероприятиях, спонсируемых правительством, в том числе в специальном выпуске CNBC World Report в Казахстане, и дала множество интервью, в которых содержалось единое послание, то есть контролировала структуру повествования и наглядность Программы реструктуризации. Казахстан стремился к тому, чтобы его воспринимали как ответственного участника рынка, прокладывая путь независимости в рамках лучших рыночных практик, которых они достигли.

---

19   *Интервью с премьер-министром Казахстана и автором специального репортажа CNBC World Report о Казахстане, в котором рассказывается о первоначально спорной, но успешной реструктуризации с распределением бремени в Казахстане (март 2011 г.).*

Операционная среда и корпоративное управление

Реструктуризация с распределением финансового бремени послужила улучшению окружающей среды. В результате окружающая среда адаптировалась к рабочей среде в соответствии с определением «термин окружающая среда используется при обозначении среды, созданной для людей, людьми, и используемой для человеческой деятельности».[20]

Совет директоров был обновлен, в его состав вошли представители кредиторов. Были переработаны уставы, усиливающие права кредитора и позволяющие ему осуществлять ключевой надзор и право вето. Эти подкрепления в некоторых случаях были составлены вне рамок акционерного законодательства Казахстана. Многие из предписаний были приняты в нормативные акты с тех пор — такие как усиление надзора совета директоров за кредитованием и требование отчитываться о вне балансовой деятельности перед регулирующими финансовые организации органами, включая Национальный банк Казахстана.

В качестве побочного продукта Программы реструктуризации Казахстан создал ключевой эффект наследия, приняв закон о реструктуризации, в который впоследствии были внесены поправки, охватывающие всех корпоративных эмитентов. Аргумент состоит в том, что верховенство законов увеличивает стоимость компании и защищает от мнимых сделок с самим собой (McCahery, Moerland и др.; 2002: стр. 7), что, в свою очередь, улучшает корпоративное управление.

Это важный результат, потому что самообман был очевиден в ситуации с БТА Банком и Альянс Банком, и этот фактор способствовал их неплатежеспособности. Улучшения в сокращении этой практики имели прямые последствия для создания ценности для системы и восприятия страны.

Макроэкономическое воздействие и суверенный профиль

Красной нитью повествования об эффекте наследия среди ученых является макроэкономическое влияние крупного или мегасобытия. Этот эффект наследия имел первостепенное значение при разработке Программы реструктуризации. Правительство было обеспокоено финансовым статусом и поддержанием суверенного рейтинга, а также объяснением обществу того, что его политика окажет положительное влияние на экономику. С этой целью председатель Национального банка в Оксфорде в октябре 2010 года представил результаты, объявив Программу реструктуризации успешной с точки зрения пяти показателей.

Первый показатель позволяет оценить состояние банковской системы по платежным потокам. За период с октября 2008 по 2010 год объем платежей увеличился на 10,9%, что свидетельствует о возвращении доверия к системе. Вторым показателем были

---

20   Виндзорский университет; http://www1.uwindsor.ca/vabe/built-environment;

внешние обязательства банковской системы. Они сократились на 2,8 миллиарда тенге[21], что позволило снизить давление на баланс, вызываемое колебаниями валютных курсов и обременительным уровнем долга. Третий показатель был сосредоточен на ликвидности банковского сектора, в процентах от общего объема активов. Показатель вырос с 14% в сентябре 2008 года до 24,7% в сентябре 2010 года. Четвертый показатель — инфляция — упал с 20% (2008 год) до 6,5% (2010 год). Пятый показатель — это обязательства Национального банка, выросшие до 832,2 миллиарда тенге в сентябре 2010 года благодаря выдающейся поддержке, скорректировались до 723,2 миллиарда тенге к октябрю 2010 года.

Основываясь на этих положительных макроэкономических показателях, Правительство смогло сохранить свой рейтинг инвестиционного уровня от трех ведущих рейтинговых агентств: Moody's, Standard & Poor's, и Fitch. Учитывая, что изменения рейтингов оказывают почти немедленное влияние на суверенную стоимость фондирования и, следовательно, на базовую ставку для всех эмитентов в стране, сохранение рейтинга инвестиционного уровня является приоритетом для правительств.

---

21   *KZT = Казахстанский тенге. Обменный курс 1 KZT (тенге) = 0,0069 USD, октябрь 2010 года. Exchange.rate.org.uk https://www. exchangerates.org.uk/KZT-USD-14_10_2010-exchange-rate-history.html*

Глава пятая

УСТОЙЧИВОЕ РАСШИРЕНИЕ ПРАВ И ВОЗМОЖНОСТЕЙ

Финансовые кризисы становятся все более ощутимыми, учитывая взаимосвязанность рынков и участников. Усиление трансграничного финансирования в глобализированной структуре экономического роста относят кризис к сфере межстрановых политических отношений. Отсюда возникает важность понимания последствий наследия мегапроектов и их значимого воздействия на население страны, заинтересованные стороны и политику.

Возвращаясь к первоначальному вопросу, Казахстан достиг эффектов наследия, определенных Программой реструктуризации. Правительству удалось снизить моральный риск и сохранить финансовый профиль. Учитывая успех реализации Программы реструктуризации, Казахстан не выпустил суверенные долговые обязательства и не пострадал от понижения рейтинга инвестиционного уровня. Страна не превратилась в государство-изгоя и не потеряла инвесторов из-за отрезанных рынков капитала. Напротив, на фоне реструктуризации в мае 2010 года государственная компания «Казатомпром» выпустила пятилетние еврооблигации на сумму 500 миллионов долларов США со ставкой купона 6,25%[22], что является историческим минимумом.

Банковская система не рухнула. Кредиторы оставались участниками банков, передающими знания и опыт в области корпоративного управления. Казахстан смог укрепить свой инвестиционный имидж, улучшить свой экономический профиль, изменить операционную среду для банков с участием руководства и укрепить банковский сектор путем целенаправленных изменений.

С точки зрения политиков и лиц, принимающих решения, помимо обсуждения целей Программы реструктуризации, необходимо дополнительно изучить три основных

эффекта наследия. К ним относятся роль закона в продвижении корпоративного управления, влияние регуляторного наследия и важность политико-экономической конструкции Казахстана в процессуально-успешной Программе реструктуризации с разделением бремени.

Первое относится к унаследованным эффектам корпоративного управления и дискурсу о том, что структура рынков капитала и корпоративное управление в стране находятся под влиянием закона (Скил Джуниор, Д.А. 2004) и что рынки, которые демонстрируют сильную защиту миноритарных инвесторов, поощряют более разнообразную и рассредоточенную структуру собственности (La Порта, Лопес-де-Силанес, и др.: 1998)[23]. Приняв Закон о реструктуризации, Казахстан сделал важный шаг в гармонизации своей правовой структуры с передовой мировой практикой и в превращении государства в ответственного участника глобальных финансовых рынков.

Во-вторых, были последствия регуляторного наследия (Молоуни, Ниамх; глава 2; 2012). Казахстан начал работу по совершенствованию корпоративного управления на уровне совета директоров путем внесения изменений в устав и привлечения инвесторов в качестве партнеров в процессе реструктуризации банков. Успех зависел от выполнения всеми участниками своих обязанностей. Затем их инициатива переросла в усиление надзора регулирующих органов за банками, путем внесения ряда изменений.

Третий представляет политическую экономию[24] Казахстана, а также его культуру, как фактор, способствующий успеху процесса. Эта область, которую необходимо дополнительно изучить в рамках академических исследований по большим программам. Казахстан извлек выгоду из президентской централизованной модели власти, учитывая его влияние на законодательные, судебные и исполнительные власти. Спорную политику можно было проводить, не беспокоясь об избирательных механизмах (Перссон и Таблини: 2000), оказывающих влияние на решения. Структура, ориентированная на власть, позволила ускорить и эффективно мирным путем сбалансировать процесс Программы реструктуризации, не затрагивая сферы политических интересов.

Область обучения, приравненная к академическому в рамках основной программы управления

Важность и универсальность казахстанской Программы реструктуризации заключается в том, что она позволила создать основу для разделения унаследованных эффектов и концепций в рамках дискурса управления большими программами и применить это

---

23   Р. Ла Порта, Ф. Лопес-де-Силанес, А. Шлейфер и Р. Вишни, (1998) "Право и финансы", Журнал политической экономии, 106, 1113-55; Р. Ла Порта, Ф. Лопес-де-Силанес и А. Шлейфер, "Корпоративная собственность по всему миру", Журнал политической экономии Финансы, 54 (1999), 471-517. Для дальнейшего обсуждения.

24   Перссон Т. И Гвидо Табеллини: (2000) Литература по политической экономии сосредоточена в основном на развитых демократиях, и поэтому средний избиратель является движущей силой политики. Казахстан отличается тем, что страной управляет один и тот же президент с момента обретения независимости, который имеет значительные полномочия влияния.

к большой программе в финансовой сфере. В соответствии с целью этого тематического исследования, которое состояло в том, чтобы поднять дискурс от глобальных спортивных событий до инфраструктуры и побудить политиков и практиков оценивать последствия наследия при разработке любых больших финансовых программ, книга завершается рекомендацией о том, что большие финансовые программы должны соответствовать системному дизайну (операционной структуре), что обеспечивает эффекты наследия, которые измеримы и достижимы в пределах временных рамок действующего правительства.

С этой целью правительства должны иметь возможность создавать преобразующие, временные организации для повышения эффективности и помнить о политической конструкции, которая, если ею хорошо управлять, повышает эффективность процесса и углубляет дискурс, лежащий в основе проекта.

Ссылки

References
- Aaker, David A. (2006); Building Strong Brands; The Free Press
- Alexander, W. (1997) Systemic Bank Restructuring & Macroeconomic Polices: International Monetary Fund
- Alliance Bank, 2009 Management Presentation
- Angelides, Phil, and Bill Thomas. (January 2011) 'The Financial Crisis Inquiry Report: Final Report of the National Commission on the Causes of the Financial Crisis and Economic Crisis in the United States', The Financial Crisis Inquiry Commission: Government Printing Office.
- Ansar, Atif and Ariell Ahearn (25 May 2015); Banking Sector Restructuring Program in Kazakhstan-BTA Bank JSC; Oxford University
- Artto, K., Martinuso, M., Gemünden, HG. and Murauro, J. (2009), 'Foundations of program management: A bibliometric view', International Journal of Project Management, 27(1): 1-18.
- Bernanke, B.S. (2001): "Nonmonetary Effects of the Financial Crisis in the Propagation of the Great Depression," The American Economic Review, 73 (3), pp. 257-277.
- BTA Bank Management September 2009 Presentation
- Bloomberg, February 4, 2009 (Nariman Gizitdinov): Kazakh Central Bank Devalues Tenge 18%, Ends Support (Update 2): http://www.bloomberg.com/apps/news? pid=newsarchive&refer=home&sid=aROyGJTxpQbA; Accessed 28 June 2015
- Club de Paris. Conference on Sustainable Financing of Emerging and Developing Countries. June 16, 2010.
- https://clubdeparis.org/en/communications/page/conference-on-sustainable-financing-of-emerging-and-developing-countries
- Corporate Live Wire. "BTA Bank Successfully Completed Restructuring Of Financial Debt For The Amount Of $11.1 Billion." Corporate Live Wire. March 26, 2013.
- https://corporatelivewire.com/deal.html?id=bta-bank-successfully-completed-restructuring-of-financial-debt-for-the-amount-of-111-billion

- Davis, Juliet, and Andy Thornely (2010): Urban regeneration for the London 2012 Olympics: Issues of land acquisition and legacy; Cities Programme, London School of Economics, United Kingdom; Department of Geography, London School of Economics, United Kingdom; City, Culture and Society 1 89–98

- Denton Wilde Sapte (July 2009): Memorandum to the Steering Committee

- Diamond, D.W. and Dybvig, P.H. (1983) "Bank runs, deposit insurance, and liquidity", Journal of Political Economy, 91 (3), pp. 401-419.

- Dow, James (December 2000): Monetary and Economic Studies; "What Is Systemic Risk? Moral Hazard, Initial Shocks, and Propagation"

- Exchange rate.org.uk http://www.exchangerates.org.uk/KZT-USD-14_10_2010-exchange-rate-history.html; Accessed 4 August 2015

- Favale, Marcia, (30 November 2009) Alliance Bank: "Fraud in the Steppe"

- ____. (29 January 2010) "Terra Incognita"

- ____. (2010); "Breaking the Mold." Paris Club Annual Report.

- . (27 September 2010) Marketing Assignment

- ____. (October 2010); Presentation: "Weathering the Financial Storm," Distinguished Speaker Series; University of Oxford

- . (January 2011); Presentation to the World Bank

- Ferran, Eilís; Niamh Moloney, Jennifer G. Hill and John C. Coffee, Jr (2012) ; The Regulatory Aftermath of the Global Financial Crisis Book DOI: http://dx.doi.org/ 10.1017/ CBO9781139175821; Moloney, Niamh; Chapter 2 - The legacy effects of the financial crisis on regulatory design in the EU; pp 111-202; Chapter DOI: http://dx.- doi.org/10.1017/ CBO9781139175821.004 Cambridge University Press; accessed 5 August 2015

- Fitch Rating London 20 December 2010

- Gold, J., & Gold, M. (2008). 'Riding the Mexican Wave? Deciphering the meaning of Olympic Legacy'. In Proceedings of the Conference on The Olympic Legacy: People, Place and Enterprise, University of Greenwich, May 8/9.

- Guembel, A., and Oren Sussman (2009); "Sovereign Debt without Default Penalties," Review of Economic Studies 76, 1297–1320

- Hall, C., & Hodges, J. (1996). «The party's great, but what about the hangover? The housing and social impacts of mega-events with special reference to the 2000: Sydney Olympics.»

- Kasimati, Evangelia and Peter Dawson (2009), "Assessing the impact of the 2004 Olympic Games on the Greek economy: A small macroeconomic model; economic Modeling 26; 139-146"

- Kazatomprom: http://www.kazatomprom.kz/en/#!/node/111, accessed 2 September 2015),

- Kazakhstan Heart of Eurasia (January 2011) Presentation
- Kazinform: http://en.government.kz/site/news/112008/05; Accessed 26 January 2010
- Kotler, Philip; Armstrong, Gary; Wong, Veronica; Saunders, John. (2008), Principles of Marketing; 5th European edition; Pearson Education Limited
- IMF Country Report. (July 2011) "Germany: Technical Note on Crisis Management Arrangements," Report No. 11/368, https://www.imf.org/external/pubs/cat/longres.aspx?sk=25458.0, Accessed 27 July 2015.
- "IMF Kazakhstan Repays the IMF Ahead of Schedule," https://www.imf.org/external/ np/sec/nb/2000/nb0035.htm; accessed 30 August 2015
- Institute of International Finance (IIF) (October 2010): "Principles for Stable Capital Flows and Fair Debt Restructuring," Report on Implementation by the Principles Consultative Group
- Laeven, Luc, & Fabian Valencia. (2010) "Resolution of Banking Crisis: The Good, the Bad, the Ugly." International Monetary Fund.
- La Porta, R., F. Lopez-de-Silanes, A. Shleifer, and R. Vishny, (2009) "Law and finance," Journal of Political Economy, 106 (1998), 1113–55; R. La Porta, F. Lopez-de-Silanes and A. Shleifer, "Corporate ownership around the world," Journal of Finance, 54, 471–517
- Lazard (2010) Internal Presentation to BTA Bank Management
- Lundin, Rolf A., and Anders Soderholm (1995) A theory of the temporary organization: Scand. J. Mgmt., Vol.11 No. 4, pp 437-455
- McCahery, Joseph, A, Piet Moerland, Theo Raaijmakers, Luc Renneboog (2002): Corporate Governance Regimes; Convergence and Diversity; Oxford University Press.
- Minnaert, Lynn (2011): "An Olympic legacy for all? The non-infrastructural outcomes of the Olympic Games for socially excluded groups" (Atlanta 1996-Beijing 2008); JTMA; Article 2180
- National Bank of Kazakhstan (October 2010) Presentation: "The experience of restructuring banks' external debt in Kazakhstan"
- Observatory of Economic Complexity. http://atlas.media.mit.edu/explore/tree/_map/ hs/export/kaz/all/show/2008/Accessed 2 August 2014
- Persson, T & Guido Tabellini (2000); Political Economics: Explaining Economic Policy; Massachusetts Institute of Technology
- Preliminary Staff Report (31 August 2010): Government Rescues of "too-big-to-fail" financial institutions', Financial Crisis Inquiry Commission, http://fcic-static.law.stanford.edu/cdn_media/fcic-reports/2010-0831-Governmental-Rescues.pdf, Accessed 27 July 2015.
- Reuters (Raushan Nurshayeva); 15 June 2010 2:56 am EDT: http://www.reuters.com/article/2010/06/15/us-kazakhstan-president-idUSTRE65E0WP20100615; Accessed 26 June 2015

- Sakoui, Anousha, Gillian Tett, and Isabel Gorst. "Kazakhstan secures Alliance Bank restructuring." Financial Times. October 6, 2009. https://www.ft.com/content/30f85b26-b29f-11de-b7d2-00144feab49a

- Skeel Jnr., D. A. (2004), "Corporate anatomy lessons," Yale Law Journal, 113, 1519– 77, at 1544–5

- Spong, Rebecca. "BTA Bank: A sigh of relief?" Global Trade Review. January 21, 2010. https://www.gtreview.com/news/europe/bta-bank-a-sigh-of-relief/

- Sputnik International. "Agriculture is Kazakhstan's New 'Black Gold'." Sputnik International. October 30, 2020.

- https://sputniknews.com/20201030/agriculture-is-kazakhstans-new-black-gold-1080929222.html

- Stiglitz, J.E. (Summer 2001) "Failure of the fund: Rethinking the IMF response", Harvard International Review, 23 (2), pp. 14-18.

- Temir Bank 2009 Management Presentation

- United Nations Commission on International Trade Law (UNCITRAL); http:// www.uncitral. org/uncitral/en/uncitral_texts/insolvency/1997Model.html;Accessed 3

- August 2015

- University of Windsor http://www1.uwindsor.ca/vabe/built-environment; accessed 24 August 2015

- US Federal Housing Finance Agency. 'Frequently Asked Questions', http://www.fhfa.gov/Media/PublicAffairs/Pages/Fact-Sheet-Questions-and-Answers-on-Conservatorship.aspx), Accessed August 2014.

- White & Case (23 July 2009): BTA Bank Global Steering Committee: Legal Matters Presentation

- WikiLeaks, "KAZAKHSTAN: PRIME MINISTER BRIEFS BOEHNER CODEL ON ECONOMIC AND ENERGY ISSUES." 2009 August 10, 13:58 (Monday)

- https://wikileaks.org/plusd/cables/09ASTANA1365_a.htmlT

- World Bank, World Development Indicators. http://data.worldbank.org/indicator, Accessed 1 August, 2014.

- World Economic Forum (2009), The Financial Development Report (Geneva and New York: World Economic Forum, 2009), p. xi.

Об авторе

Марсия Фавале (ранее Марсия Фавале-Тартер) является основателем собственных компаний M.Favale-Tarter, LLC и Blingby, LLC. Прежде чем стать старшим советником премьер-министра Казахстана (2009-2013гг.) и независимым советником по реструктуризации БТА Банка и «Самрук-Казына», Марсия Фавале сделала блестящую карьеру в сфере финансов, работала в ведущих мировых финансовых институтах Banker's Trust, Merrill Lynch, UBS, Brevan Howard и Advent Capital. В апреле 2006 года журнал Institutional Investor Magazine назвал Фавале «Выдающимся аналитиком по исследованию корпоративных облигаций развивающихся рынков».

Марсия Фавале создала бенчмарк реструктуризации на сумму 38 миллиардов долларов США, рассказанный в настоящей книге, и который также является центральной темой исследования в Саид бизнес-школе Оксфордского университета (Said Business School). В феврале 2010 года, консалтинговая компания Фавале, наряду с мировыми инвестиционными банками UBS и Lazard, была оценена журналом Euromoney как «Компания года по реструктуризации в странах Центральной и Восточной Европы».

Марсия Фавале имеет степени магистра наук (MSc) в области управления основными программами (2016 г.) (с отличием), магистра делового администрирования (MBA) (2011 г.) и диплом последипломного образования по финансовой стратегии (годовой курс обучения) (2010 г.) Оксфордского университета, Саид бизнес-школа, а также диплом бакалавра политических наук (с отличием) (1992 г.) университета Нью-Йорка.

Марсия Фавале отмечена в рейтинге «Подлинные женщины-лидеры» в Оксфордской программе развития женского лидерства и Оксфордской программе инвестиций в частные рынки. Фавале также является спикером TEDx на тему «Преодоление барьеров, расширение прав и возможностей женщин».

Помимо реструктуризации БТА-банка, Альянс Банка и Темир Банка, Марсия Фавале также разрабатывала и создавала концепцию и рамки «Народного IPO» - программы приватизации, нацеленной на обеспечение благосостояния народа Казахстана и, в то же время, на развитие местных рынков капитала.

С января 2015 года Марсия Фавале избрана независимым директором и членом Совета директоров Банка Развития Казахстана, миссией которого является улучшение национального благосостояния за счет устойчивого развития несырьевого сектора экономики и создания инфраструктуры, обеспечивающей рост экономики. 13 марта 2024 года переизбрана на эту же должность на новый срок. В 2023 году Марсия Фавале также избрана независимым директором и членом Совета директоров Qazaqstan Investment Corporation, миссией которой является создание динамичной экосистемы прямых инвестиций в Казахстане.

Марсия Фавале на Казахстанско-американском инвестиционном форуме, в декабре 2011 года, в Нью-Йорке

Марсия Фавале с независимым директором АО «Банк развития Казахстана» Сайденовым А.Г., старшим банкиром АО «Банк развития Казахстана» Битебаевой А., на проекте по строительству ВЭС под Астаной, в 2015 году. Проект реализован с участием АО «Банк развития Казахстана»

Марсия Фавале дает интервью журналисту телеканалу Atameken Business Марабаевой Б. на тему возможностей, которые открывает мировой рынок зеленых технологий, в августе 2024 года

Марсия Фавале вместе с Заместителем Премьер-Министра Республики Казахстан — Министром национальной экономики Республики Казахстан Байбазаровым Н.С. на индустриальном объекте, в июле 2024 года, в Караганде

Марсия Фавале с управляющими директорами АО «Банк развития Казахстана» Ансагановой Ж.Ж. и Жанадил Д.Ж. обсуждают принципы корпоративной социальной ответственности в деятельности БРК, в июне 2024 года, в Астане

Марсия Фавале с независимым директором АО «Банк развития Казахстана» Сайденовым А.Г., на заседании комитетов при Совете директоров АО «Банк развития Казахстана», в июне 2024 года, в Астане

Марсия-Элизабет К. Фавале

РИСК, ВОССТАНОВЛЕНИЕ И УКРЕПЛЕНИЕ.

Тематическое исследование о реструктуризации казахстанских банков

Ответственный редактор: **Масанов Ю. А.** — журналист, экономический обозреватель

Перевод: **Ансаганова Ж. Ж.** — магистр государственного управления (Nazarbayev University), управляющий директор АО «Банк развития Казахстана» по вопросам кредитного анализа и структурирования сделок

Рязанцева Е. С. — переводчик-синхронист, член Ассоциации профессиональных переводчиков и переводческих компаний

Дизайн обложки: **Дамонза**

Компьютерная верстка: **Койшебаева Б. Ж.**

Отпечатано: полиграфия ИП «Койшебаева Б. Ж.»
г. Астана, ул. Сауран, 14, НП-3

Подписано в печать 27.05.2024
Формат 160 х 250 мм. 70×100/16

Печать цифровая. Бумага мелованная.
Тираж 100 экз.

«Ее стратегия объединила конфликтующие интересы главных стейкхолдеров (руководителей банков, банковских вкладчиков, акционеров, кредиторов и государственных структур), что привело к огромному успеху для них и народа Казахстана. Мы все должны извлечь уроки из стратегии госпожи Фавале».

В ФЕВРАЛЕ 2009 ГОДА, ПЫТАЯСЬ ПРЕОДОЛЕТЬ ФИНАНСОВЫЙ КРИЗИС, правительство Казахстана предприняло решительные шаги по реструктуризации трех крупных банков. Оно отвергло классическую стратегию спасения финансовых институтов и концепцию «плохих» и «хороших» банков. «Риск, восстановление и укрепление» — это качественный исследовательский анализ, рассказанный практикующим финансистом Марсией Фавале, которая разработала и руководила реализацией стратегии по реструктуризации, получившей название «Распределение бремени» и охватившей активы на более чем 30 миллиардов долларов. Это стало международным эталоном и изменило само определение торгового финансирования, введя новый термин «истинного торгового финансирования».

Прежде чем создать технологический стартап Blingby и получить патенты в США, Казахстане и Китае, Марсия Фавале (она же Марсия Фавале-Тартер) сделала блестящую карьеру в сфере финансов. В апреле 2006 года журнал Institutional Investor назвал Фавале лучшим аналитиком по корпоративным облигациям развивающихся рынков. Марсия Фавале была старшим советником премьер-министра Казахстана в 2009-2013 годах, и вместе со своей консалтинговой компанией выступала независимым советником по реструктуризации БТА Банка и фонда «Самрук-Казына». В феврале 2010 года консалтинговая компания Марсии Фавале была отмечена наградой журнала Euromoney, наряду с UBS и Lazard, как «компания по реструктуризации в странах ЦВЕ».

С января 2015 года Марсия Фавале является независимым директором и членом Совета директоров Банка Развития Казахстана, миссией которого является улучшение национального благосостояния за счет устойчивого развития несырьевого сектора экономики и создания инфраструктуры, обеспечивающей рост экономики. В 2023 году Марсия Фавале также избрана независимым директором и членом Совета директоров Qazaqstan Investment Corporation, миссией которой является создание динамичной экосистемы прямых инвестиций в Казахстане. Обе компании являются дочерними структурами Национального управляющего холдинга Байтерек.